昌黎县融媒体中心 编著

锦绣昌黎

燕山大学出版社
· 秦皇岛 ·

图书在版编目（CIP）数据

锦绣昌黎 / 昌黎县融媒体中心编著 .-- 秦皇岛 : 燕山大学出版社 , 2024. 12. -- ISBN 978-7-5761-0787-6

Ⅰ . K922.24-64

中国国家版本馆 CIP 数据核字第 2024JH5489 号

锦绣昌黎

昌黎县融媒体中心 编著

出 版 人：陈　玉　　责任编辑：唐　雷

封面设计：刘　丹　　责任印制：吴　波

出版发行：燕山大学出版社 YANSHAN UNIVERSITY PRESS　　地　　址：河北省秦皇岛市河北大街西段 438 号

邮政编码：066004　　电　　话：0335-8387555

印　　刷：河北赛文印刷有限公司　　经　　销：全国新华书店

开　　本：889 mm × 1194mm　1/16　　印　　张：14.5　　字　数：110 千字

版　　次：2024 年 12 月第 1 版　　印　　次：2024 年 12 月第 1 次印刷

书　　号：ISBN 978-7-5761-0787-6

定　　价：108.00 元

《锦绣昌黎》编委会

序言

XUYAN

昌黎县是全国首批沿海对外开放县，全省首批扩权县。近年来，昌黎以路为纲、以水为韵、以绿为底，强化基础设施、精细城市管理、涵养城市精神，成功创建省级文明县城、全省洁净城市，连续四年获评“全国最具投资潜力百强县市”。

昌黎处处是风景，时时都怡人，在这里登山观海、亲沙戏水、摘葡萄品佳酿、吃海鲜购皮草，吃住行游购娱、商养学闲情奇，一定会让您目不暇接。

“锦绣昌黎”是了解这里的人对昌黎的印象。昌黎自然禀赋优越，集山、海、河、湖、平原、湿地于一体。这里有“东临碣石，以观沧海”的上古名山——碣石山，“中国最美八大海岸”之一——黄金海岸，旅游资源得天独厚。昌黎区位优势明显，是连接华北与东北的咽喉要道，距北京 270 千米。昌黎县内的 205 国道、沿海高速、京哈铁路贯穿全境，毗邻的秦皇岛港、京唐港，加之县域内的北戴河机场，构成了海陆空立体交通网络。昌黎文化底蕴深厚，是唐宋八大家之首韩愈的郡望；五峰山是革命圣地。同时，昌黎的民俗文化也非常丰富，地秧歌、民歌、皮影戏先后入选国家级非物质文化遗产。“文化之乡”“花果之乡”“鱼米之乡”“干红葡萄酒之乡”，一个个华丽的标签让人们对昌黎充满向往，一张张旅游名片使昌黎成为纵贯古今、蜚声海内外的旅游胜地。

《锦绣昌黎》也是昌黎县融媒体中心的品牌栏目。这本画册里的近 300 幅精美照片都是从《锦绣昌黎》栏目里精挑细选出来的。《锦绣昌黎》栏目自 2021 年 10 月开设以来，已发布 150 期，围绕自然风光、项目建设、美丽乡村、人文风情、历史文化等方面的内容对昌黎进行了广泛宣传。同时，栏目组还组建了“锦绣昌黎”微信群，群内有专业摄影师 40 人，这本《锦绣昌黎》画册的出版发行离不开他们的大力支持。

当您看到这本画册的时候，正是昌黎全县上下掀起学习党的二十届三中全会精神热潮的时候，也是十三届县委提出的“1134”发展思路和“1234”发展目标全力实现的关键节点，县委、县政府将带领全县人民奋力谱写中国式现代化建设昌黎篇章！

东临碣石观沧海，品鉴美酒乐生活。这么近，那么美，周末到河北！山海间，诗画里，我们在锦绣昌黎等您！

王志超

目录

第一篇

绣山

XIUSHAN

第一章 千古神岳

东临碣石 以观沧海

碣石山属于古代名山，虽在五岳之外，但有“神岳”之美誉。碣石山主峰为仙台顶，海拔695米，是渤海近岸最高峰。因主峰险峻，濒临大海，位置重要，远古时即被载入地理名著《尚书·禹贡》和《山海经》。公元207年，曹操曾在此吟出“东临碣石，以观沧海”的千古名句。

摄影 / 张浩

摄影 / 张浩

摄影 / 张浩

秋风萧瑟
洪波涌起
日月之行
若出其中
星汉灿烂
若出其里
幸甚至哉
歌以咏志
步出夏门
行观沧海
曹操
东临碣石
沧海绿水青
山看昌黎
丁亥年仲夏
拍摄于昌黎
碣石山风景区

摄影 / 佟永理

摄影 / 佟永理

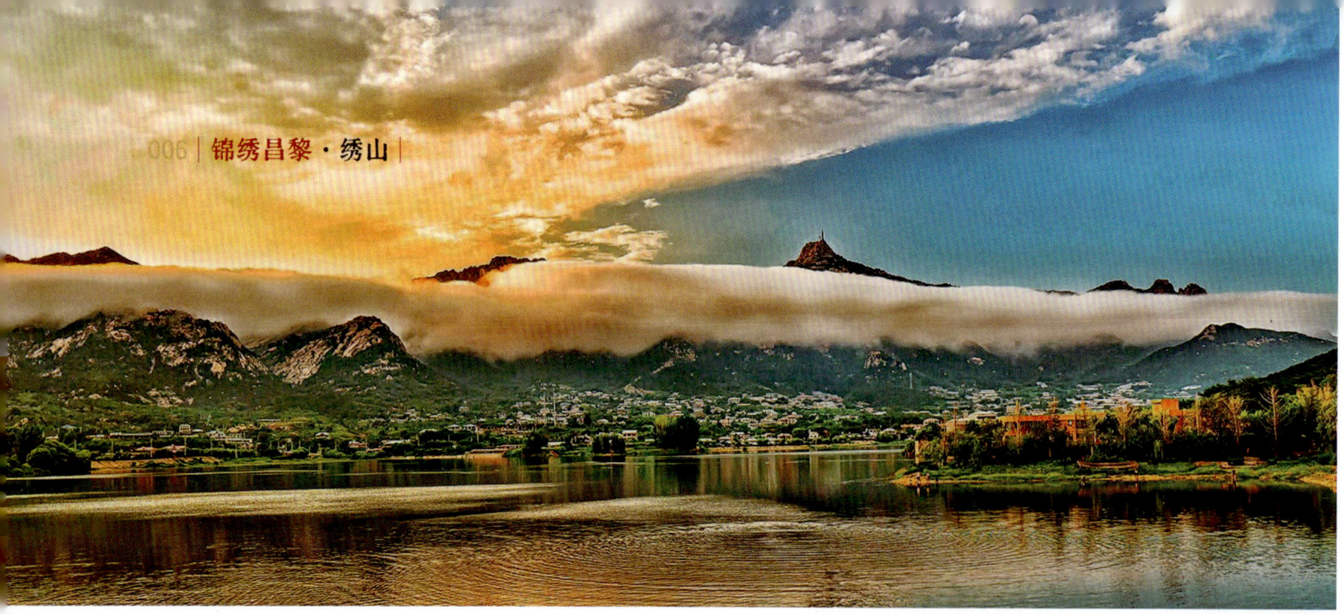

摄影 / 张春平

摄影 / 刘文军

摄影 / 侯秀伟

第二章 水岩春晓

依水傍岩 古寺听禅

水岩寺以依水傍岩而得名，是冀东地区规模最大、历史最久的寺院。古刹始创年代虽已失考，但寺内残碑断碣曾留存“唐贞观元年重建”的遗迹，可证其距今已千年之久。寺院周边，可谓山环水抱，群峰起伏，松涛如浪。前人曾有诗赞“水岩春晓”之景云：“晓日曈曈雨乍晴，山光悦性鸟争鸣。春风吹放花千树，惹得游人尽出城。”

摄影／马霑

摄影／马霑

水岩寺北依碣石山主峰仙台顶，东有一座海拔为 241 米的山峰，挺拔秀丽，怪岩耸立，酷似香炉，故名“香山”。

摄影 / 朱正光

摄影 / 张学军

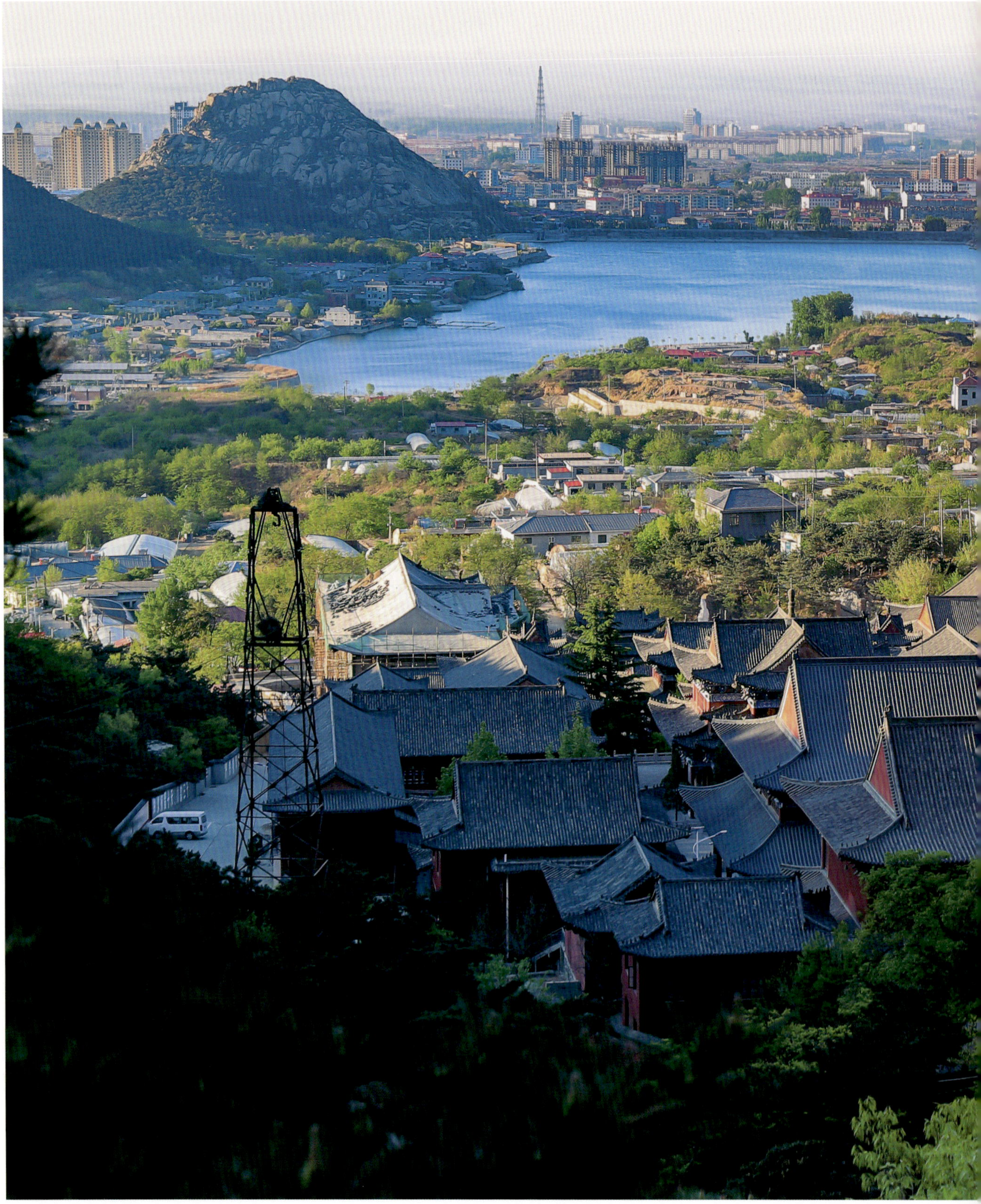

摄影 / 朱正光

摄影 / 朱正光

摄影 / 朱正光

第二章

五峰秀色

巍巍五峰　层林尽染

“绝无人迹处，空山响流泉”，“是自然的美，是美的自然”。松奇、石怪、境幽、景美。五峰山自西向东分别为挂月峰、飞来峰、平斗峰、锦绣峰、望海峰，环列如屏，峰峰异状，近观如五指插天，远望似五友挽臂。为纪念唐代著名的文学家、思想家、教育家韩愈而建的韩文公祠就坐落在平斗峰前的半山腰平台上。

摄影 / 刘思宇

摄影 / 张学军

摄影 / 陈彩燕

摄影 / 田征

摄影 / 薛存光

摄影 / 刘文军

摄影 / 刘文军

第四章

情系五峰

铁肩道义　妙手文章

“铁肩担道义，妙手著文章”，中国共产党主要创始人李大钊把昌黎视为第二故乡，曾八次登临五峰山，在这里写就了《我的马克思主义观》。五峰山李大钊革命活动旧址先后获得河北省爱国主义教育基地、河北省中共党史教育基地等殊荣，建成至今，已累计接待全国各地的参观者达200万人次。

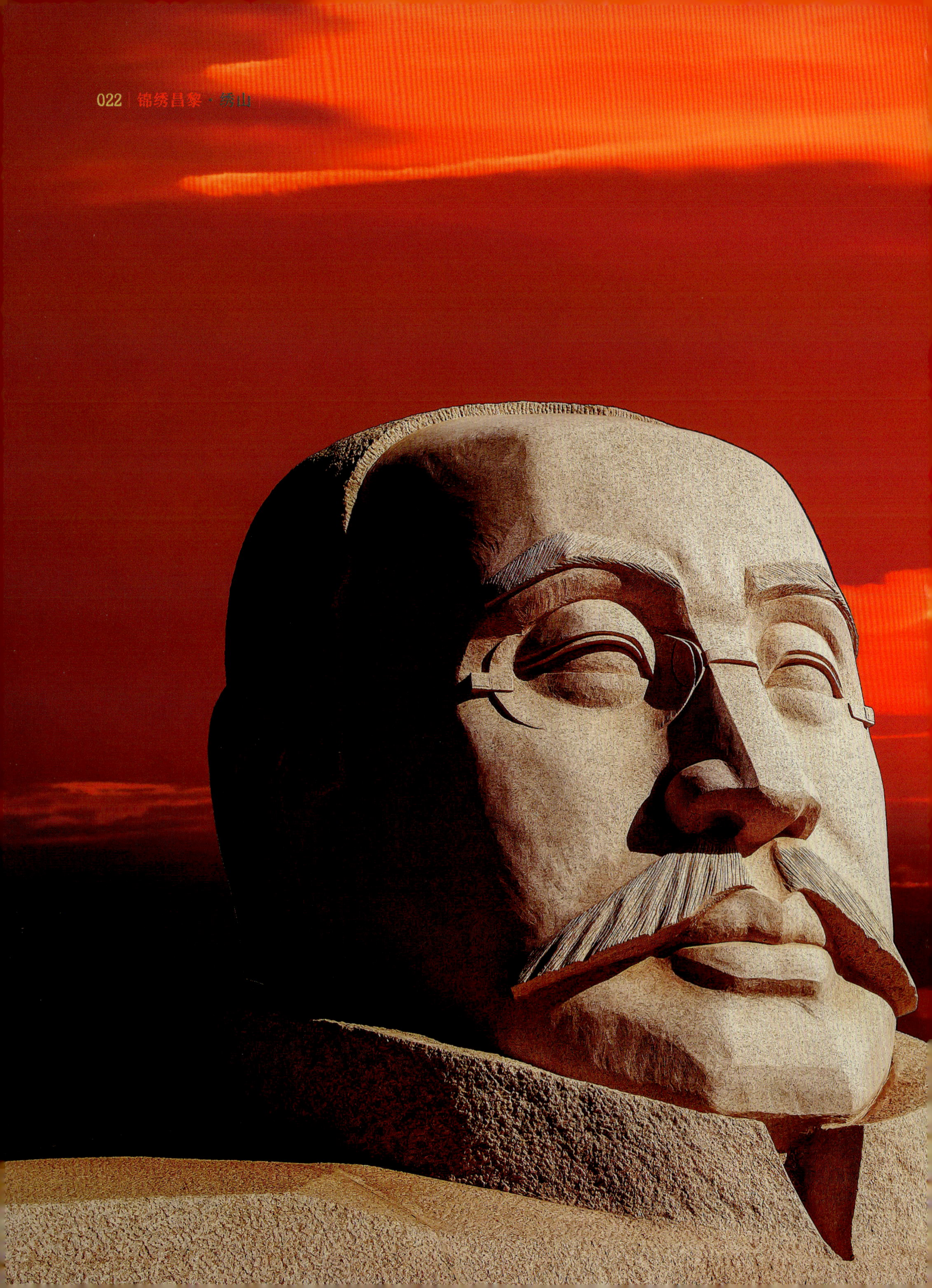

摄影 / 佟永理

摄影 / 田小红

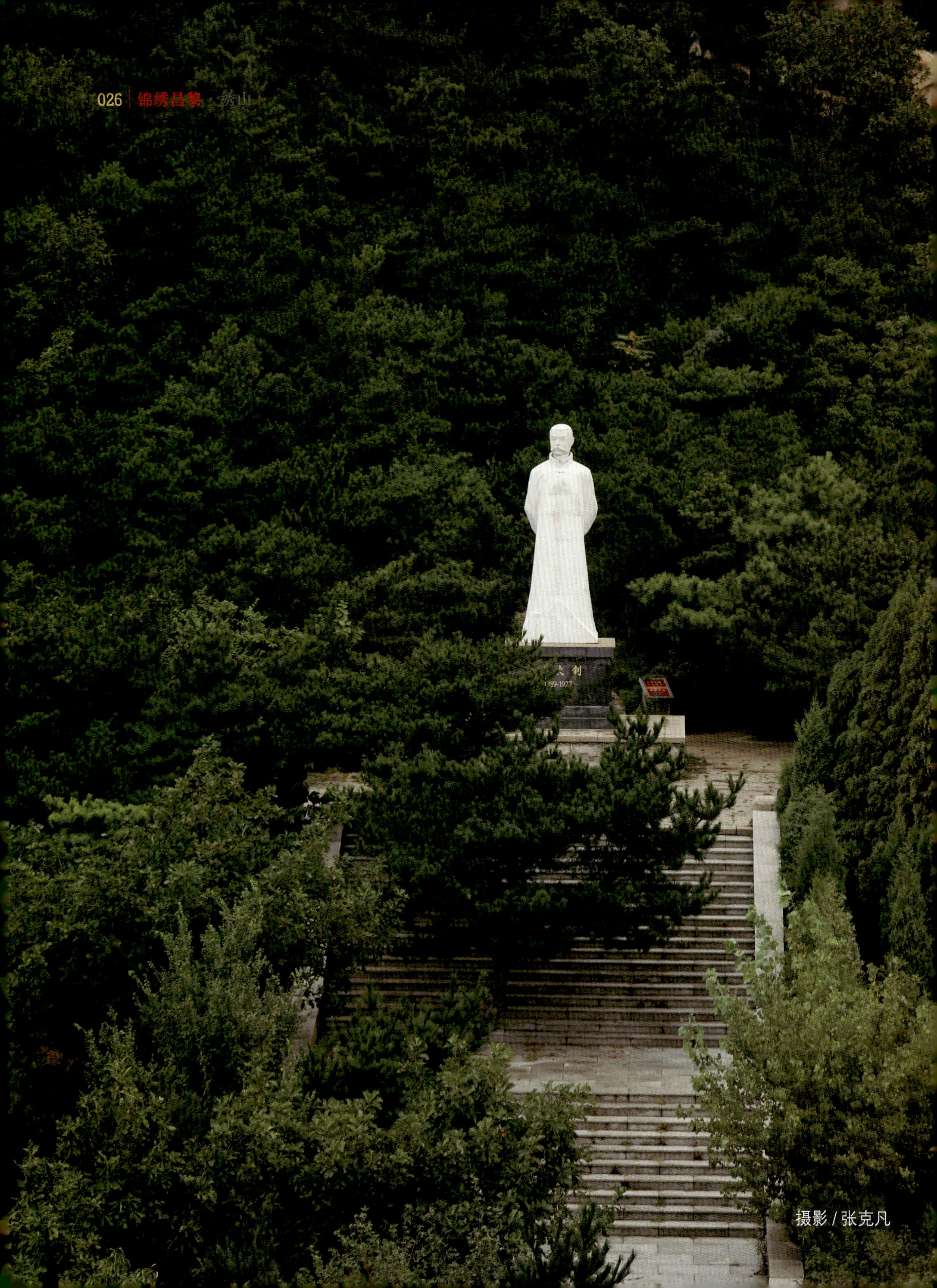

摄影 / 张克凡

摄影 / 王永林

摄影 / 佟永理

第二篇

绣海

XIUHAI

第五章

黄金海岸

盈盈夏日　踏浪而来

昌黎县境内海岸，沙质松软，色黄如金，故称黄金海岸。昌黎黄金海岸沙细、滩缓、水清、潮平，是中国最美八大海岸之一。这里的大海给人一种特别安静的感觉，缓和且优美。

摄影 / 佟永理

摄影 / 费明健

摄影 / 佟永理

摄影 / 费明健

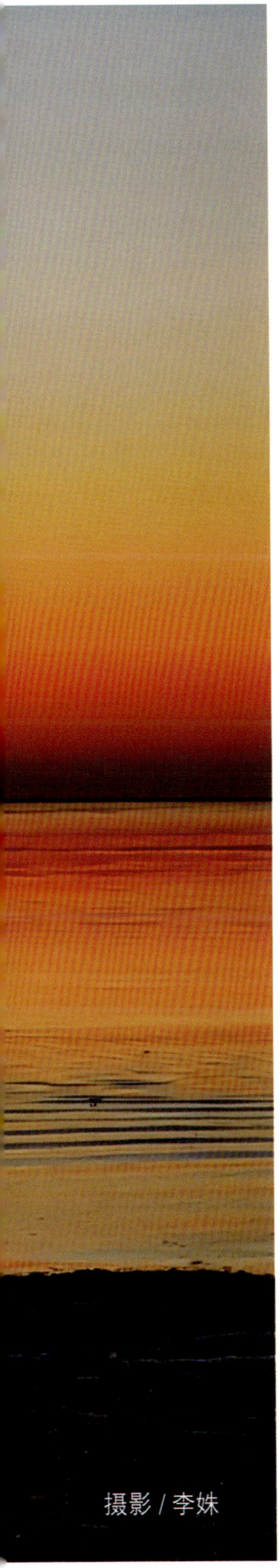

摄影 / 李姝

摄影 / 刘文军

摄影 / 佟永理

摄影 / 刘思宇

摄影 / 刘思宇

摄影 / 刘思宇

摄影 / 刘思宇

摄影 / 朱正光

摄影 / 朱正光

摄影 / 朱正光

摄影 / 朱正光

摄影 / 朱正光

摄影 / 张学军

摄影 / 佟永理

第六章 海岸钟楼

渤海之滨　钟情于此

昌黎黄金海岸钟楼洁白的色彩、流畅的线条、别致的造型、美好的寓意，让碧海、金沙突然间就闪烁起来，有了一种初见的心动。钟楼底下的镂空、向四面延展的栈道，是消暑纳凉、打卡留念的绝美之地。

摄影 / 费明健

摄影 / 李旦阳

摄影 / 李旦阳

摄影 / 朱正

摄影 / 费明健

第七章 澳景蓝湾

滨海明珠　澳洲风情

宁静祥和，天蓝海阔。渤海与东沙河岸相交，形成地势独特的半岛地貌，成就了澳景蓝湾的宁静祥和。在澳景蓝湾海域的沙滩边上，有一片能够遮挡阳光的树林，是游人吹海风最理想的舒适之地，也是黄金海岸海域洗浴区珍贵的绿地。

第八章

京东大漠

沙海奇观　自然天成

京东大漠翡翠岛，沙漠与大海的吻痕。翡翠岛位于昌黎黄金海岸国家级自然保护区，它凭借着独特的自然地理环境，形成了国内独有、世界罕见的海洋大漠风光，是我国七个国家级海洋类型自然保护区之一。

摄影 / 费明健

摄影 / 费明健

摄影 / 费长波

摄影 / 刘桂琴

摄影 / 费明健

摄影 / 费明健

摄影 / 费长涛

第二篇

绣城

XIUCHENG

第九章

魅力昌黎

黎庶昌盛　物阜民康

昌黎县是全国首批沿海对外开放县，全省首批扩权县。近年来，昌黎以路为纲、以水为韵、以绿为底，强化基础设施、精细城市管理、涵养城市精神，成功创建省级文明县城、全省洁净城市，连续四年上榜“全国最具投资潜力百强县市”。

摄影 / 张浩

摄影 / 刘文军

摄影 / 刘文军

摄影 / 佟永理

摄影 / 朱正光

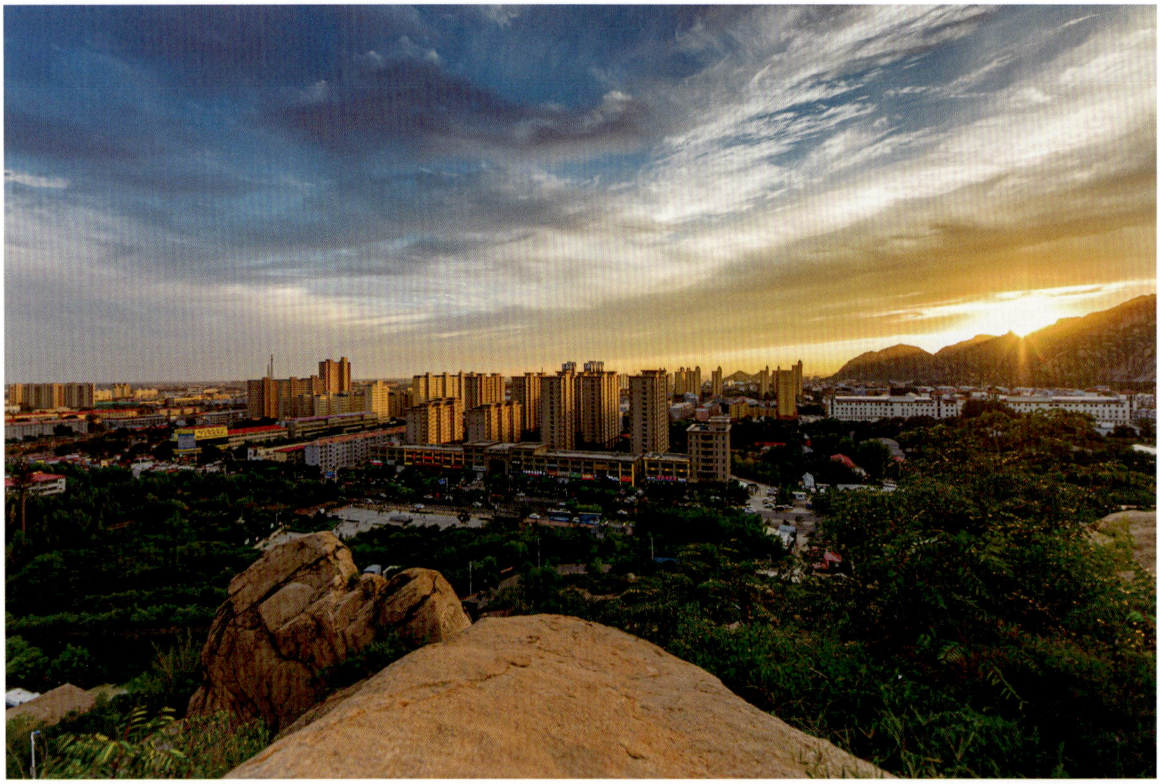

摄影 / 朱正光

摄影 / 刘文军

第十章

绿色钢城

千锤百炼　铸力宏兴

秦皇岛宏兴钢铁有限公司成立于2002年，位于秦皇岛市昌黎县循环经济产业园内。按照绿色高质量发展思路，经过近20年发展，其已成为以钢铁生产为主业，兼营红酒产业、滨海旅游产业、度假休闲大健康产业的大型综合性民营企业集团。其中，钢铁主业综合实力连续多年位列河北省百强、全国制造业500强。

宏兴钢铁
HONGXING STEEL
绿色钢城 魅力宏兴
宏兴钢铁
宏兴钢铁
绿
宏兴 钢铁

就是金山银山

宏兴钢铁
HONGXING STEEL

绿色钢城 魅力宏兴
宏兴钢铁
绿水青山就是金山银山

绿色钢城 魅力宏兴

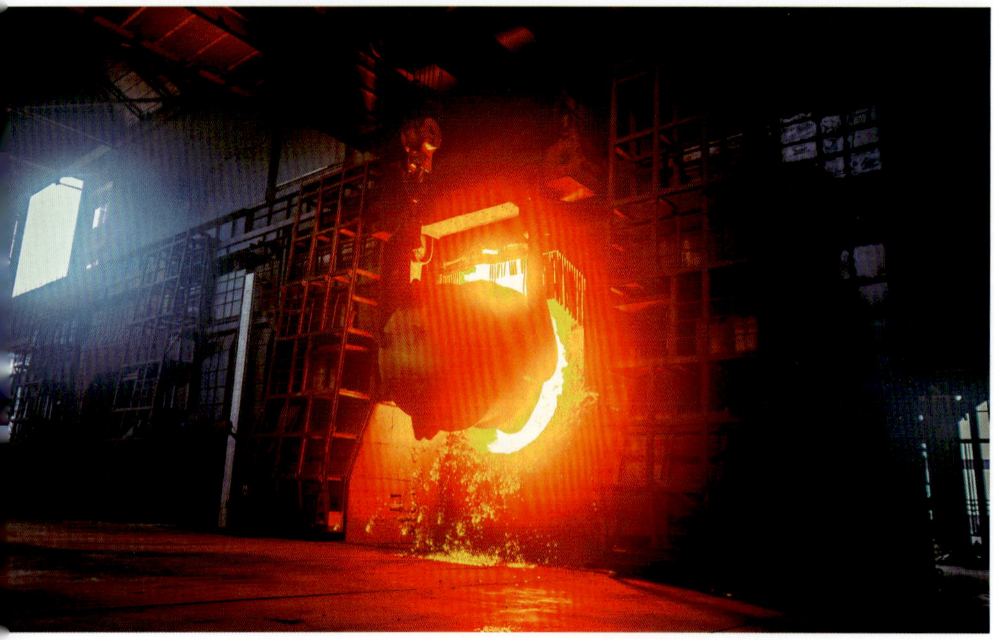

摄影 / 佟永理

摄影 / 佟永理

第十一章 源影寺塔

浮屠高矗　霞晖窣堵

源影寺塔，位于河北昌黎县城内西北隅，因塔所在地昔日建有源影寺而得名。源影寺塔为八角十三层实心塔，从塔形和密檐式的塔砖来看，源影寺塔应建于辽金时期，距今已有近千年的历史。远望古塔，雄伟壮观，特别是在晚霞辉映时，更显得瑰丽多姿。

果悠悠
陕西凉皮
快乐饺子
小彭水果店
小周珠宝
十月
纤百忠

摄影 / 张春平

摄影 / 朱正光

摄影 / 张克凡

摄影 / 张克凡

摄影 / 费明健

摄影 / 张学军

第十二章 非遗瑰宝

溯源千年　传承发展

随着时光的积累和打磨而传承下来的非遗技艺，为人们带来了精神上的丰沛和欢愉。昌黎拥有三项国家级非物质文化遗产：昌黎地秧歌、昌黎民歌、昌黎皮影。

摄影 / 李旦阳

摄影 / 刘文军

摄影 / 刘文军

昌黎地秧歌

昌黎地秧歌强调身体各部位的相互配合，肩、胯、膝、腕扭动灵活。花样的扇花犹如蝴蝶在身上上下飞舞，令人目不暇接。随着鼓声节奏人们边舞边走，红火奔放、诙谐有趣。

摄影／李旦阳

摄影 / 李旦阳

摄影 / 李旦阳

摄影 / 刘文军

摄影 / 刘文军

摄影 / 王洪涛

昌黎民歌

昌黎民歌具有深厚的文化底蕴，是昌黎县民间艺术的瑰宝。其歌词通俗上口，易懂易记；曲调委婉柔美，情深意浓；旋律以徵调式居多，流畅多变，好唱好听。

摄影 / 王洪涛

摄影 / 王洪涛

摄影 / 王洪涛

昌黎皮影

昌黎皮影，俗称“驴皮影”“老奋影”，因流传于中国河北东部，也称“冀东皮影”。其唱腔多源于昌黎本地乡间流传的民歌、民谣等，地方语调浓郁，具有浓厚的昌黎本地民风色彩。

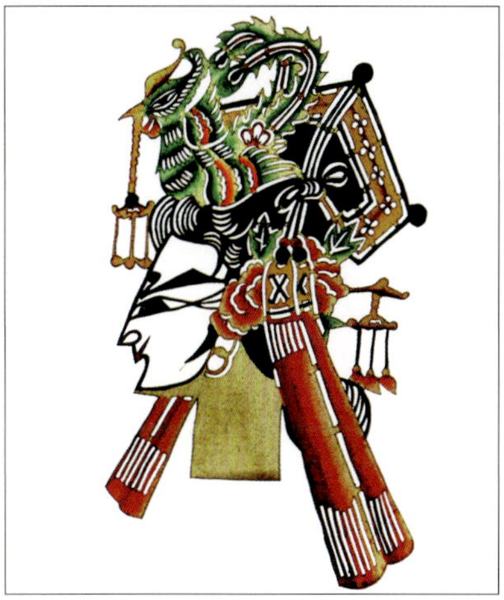

摄影／王洪涛

第四篇

绣园

XIUYUAN

第十三章 华夏庄园

醉美华夏　艺享东方

中粮华夏长城葡萄酒有限公司，成立于1988年8月，是中国首家生产干红葡萄酒的专业型企业，现隶属于世界500强之一的中粮集团有限公司。华夏长城庄园，位于昌黎县城北侧，是一处集科研、种植、酿制、品评、旅游观光、餐饮、文化体验于一体的综合性酒庄。在酒庄内既可以游览观光、放松娱乐，也可以了解葡萄酒酿造文化、品味葡萄酒，是一处不错的旅游目的地。

摄影 / 张浩

摄影 / 刘文军

摄影 / 佟永理

摄影 / 李丽娟

摄影 / 朱正光

摄影 / 费明健

亚洲第一大酒窖

黄山归来不看岳，华夏归来不问酒。华夏长城庄园是一座集旅游观光、酒文化交流和感受葡萄酒原产地风貌于一体的酿酒生态园。依山而建的亚洲第一大酒窖由数十万块花岗岩石砌成，气势宏伟，四季恒温。窖中排列的两万余只进口橡木桶散发着醇厚的酒香，酿酒师将陈酿中每一个细节都做到极致，赋予葡萄酒更细腻的口味。

摄影 / 刘文军

摄影 / 王利斌

第十四章 浪漫酒庄

自然品味　匠心酿造

朗格斯酒庄（秦皇岛）有限公司，创立于 1999 年，由有着“世界水晶大王”之称的奥地利著名企业家施华洛世奇先生投资 2970 万美元独资兴建，2018 年被秦皇岛宏兴钢铁有限公司并购。酒庄依山而建，是欧式园林建筑风格，坐落于依山傍海的河北省昌黎县碣石山产区，掩映于蓝天碧野之中，总占地面积 2000 亩，葡萄园面积 1800 余亩。酒庄坚持按照世界顶级酒庄 3S（大海、沙滩、阳光）的原则经营，目前已成为国际、国内著名酒庄之一。

摄影 / 李建明

摄影 / 王永林

第十五章 茅台庄园

相约山海　交杯世界

贵州茅台酒厂(集团)昌黎葡萄酒业有限公司于2002年7月成立，是茅台集团控股的一家国有企业。公司位于被誉为“中国酿酒葡萄之乡”和“中国干红葡萄酒城”的河北碣石山产区。企业总资产近9亿元，拥有现代化工厂、精品化酒庄、国际化原料基地等产业。公司总占地面积约11万平方米，建设标准化葡萄种植基地2万余亩。

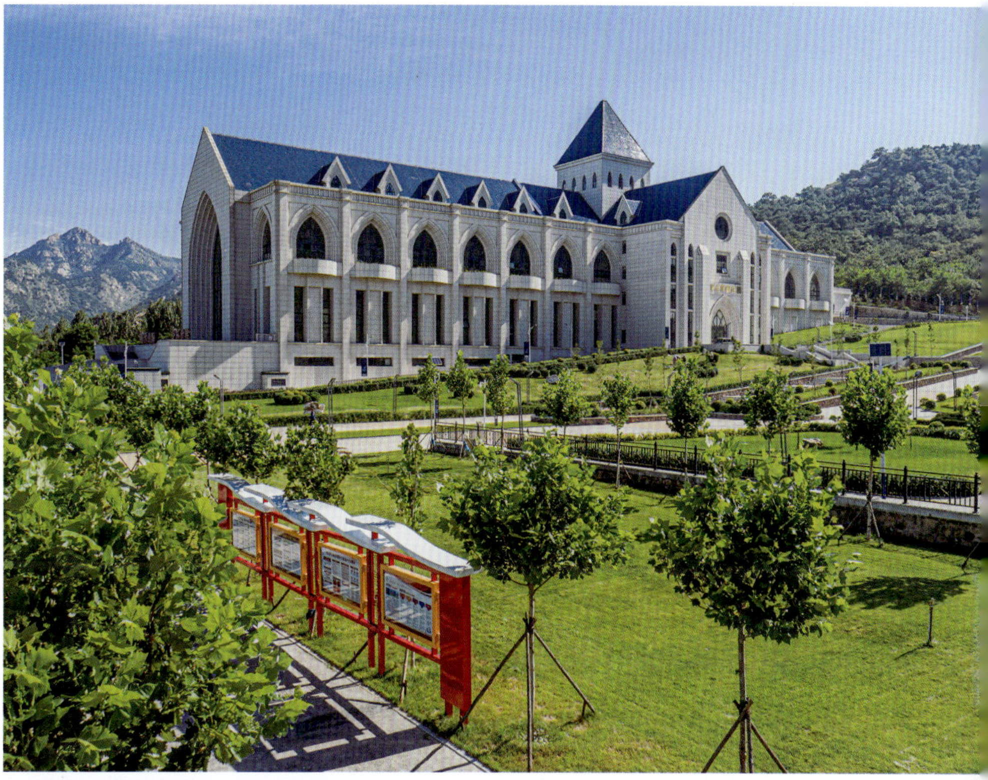

第十六章 金士酒庄

健康自然　金质精酿

金士国际葡萄酒庄，是由天津天士力集团投资 6.47 亿元在昌黎县“干红小镇”内打造的集精品葡萄酒酿造、休闲会所、旅游观光于一体的高档葡萄酒庄园，葡萄种植园及水系、山体的改造和一期工程已完成，并已正式运营。酒庄拥有独特典雅的建筑群、气势恢宏的中外葡萄酒历史文化壁画群和独具特色的酒文化诗词壁刻群，被世界酒庄旅游大会组委会评为“最佳酒庄旅行目的地”。

摄影 / 梁立润

摄影 / 费明健

嘉泰酒庄

第五篇

绣林

XIULIN

第十七章 葡萄长廊

凤翥祥峦　景象万千

凤凰山下葡萄沟，十里长廊葡萄香。北纬 39° 的季风、光照和水汽，滋养着昌黎广袤的平原和山坳。葡萄沟坐落在昌黎碣石山深处、凤凰山脚下。依山傍谷的葡萄架，绵延十里，层层叠叠，铺天盖地，宛如天境。

摄影 / 佟永理

摄影 / 佟永理

摄影 / 佟永理

摄影 / 刘文军

摄影 / 刘文军

摄影 / 刘文军

摄影 / 刘文军

第十八章 滦河湿地

水草丰美　林深叶茂

秀美滦河，风景如画。滦河河口有广阔的冲积平原，湿地面积69平方千米，土质肥沃；水域沿岸植被丰富，以柳、槐及盐生植物为主；同时受短时海洋性气候影响，四季分明、气候温和，为我国著名的入海河口湿地和国际观鸟胜地。

摄影 / 刘文军

摄影 / 刘文军

摄影 / 刘文军

摄影 / 刘文军

摄影 / 朱正光

摄影 / 朱正光

第十九章 绿地园林

依山而建　傍水而生

昌黎城市公园，依山而建，傍水而生，可环山健步而行，也可沿梯盘山而上。顶有凉亭，四季皆景，可俯瞰湖中光影，也可远眺城市光景。茶余饭后到公园走一走，空气清新，移步换景，惬意而又美好。

摄影 / 陈彩燕

摄影 / 陈彩燕

摄影 / 朱正光

摄影 / 陈彩燕

摄影 / 李建明

摄影 / 李建明

摄影 / 田小红

摄影 / 田小红

摄影 / 朱正光

第二十章 古树参天

浓荫蔽日　枫香叶红

有着 80 年历史的河北省农林科学院昌黎果树研究所坐落在昌黎城关，是我国北方果树技术研究中心之一，在果树科技界占有重要地位。果研所内环境秀美，是省级园林式单位。道路两旁的树木年深日久，参天入云，各式建筑古朴素雅，尽显时光故事。每到秋季，果研所的红枫格外引人注目。

摄影 / 张克凡

摄影 / 张克凡

摄影 / 张克凡

摄影 / 张克凡

摄影 / 张克凡

摄影 / 张克凡

摄影 / 张克凡

摄影 / 张克凡

第六篇

绣果

XIUGUO

第二十一章 葡萄满架

密密匝匝　晶莹剔透

名闻天下的碣石山临海竦峙了几千年，三面环绕的 U 形山谷种植葡萄的历史也长达 400 多年。从明朝就开始生根发芽的绿色藤蔓，爬过了时光的隧道，铺展在漫山遍野，枝繁叶茂、挨挨挤挤，累累果实在初秋的阳光下晶莹剔透，盛满了岁月的醇厚与生活的甜香。目前，昌黎县酿酒葡萄、鲜食葡萄的种植面积达 5 万亩，年产值为 3 亿多元。

摄影 / 张克凡

摄影 / 刘文军

摄影 / 梁立润

摄影 / 张克凡

摄影 / 刘文军

摄影 / 梁立润

摄影 / 张克凡

摄影 / 朱正光

摄影 / 朱正光

河北昌黎有着 400 多年的葡萄种植历史，与法国波尔多同处北纬 39° 这一酿酒葡萄黄金种植带，是中国第一瓶干红葡萄酒的诞生地，先后获得了“中国酿酒葡萄之乡”“中国干红葡萄酒城”等称号。

摄影 / 朱正光

摄影 / 朱正光

摄影 / 张克凡

摄影 / 梁立润

摄影 / 梁立润

第二十二章 硕果盈枝

秋风送爽　瓜果飘香

昌黎县是全国粮食基地县，盛产稻谷、小麦、玉米、花生、大豆等大宗农作物，林果资源丰富，果树栽培历史悠久，主要生产葡萄、梨、苹果、桃等鲜果。金秋时节，五谷丰登，硕果盈枝。田间地头，山谷沟壑，满是成熟粮果的芳香，到处都是大自然的神美馈赠。因此，昌黎素有鱼米之乡、花果之乡的美誉。

摄影 / 薛存光

摄影 / 刘文

摄影 / 朱正光

摄影 / 费明健

摄影 / 费明健

摄影 / 费明健

摄影 / 费明健

摄影 / 刘文军

摄影 / 刘文军

摄影 / 费明健

摄影 / 张学军

摄影 / 王永林

摄影 / 王永林

摄影 / 王永林

摄影 / 王永林

摄影 / 张克凡

摄影 / 佟永理

摄影 / 朱焕军

摄影 / 朱正光

第二十三章 风吹麦浪

耕耘有时　丰收已至

万物以生长耕耘大地，生活以奋斗点亮美好。时光的金梭，穿过芒种走到夏至，送来了阳光和热风，也送来了人们的希望。“夜来南风起，小麦覆陇黄”，风起村落，褶了炊烟，皱了绿影，赶着吹去了麦田。

摄影/牛春富

摄影 / 牛春富

摄影 / 孙旺

摄影 / 孙旺

摄影 / 孙旺

摄影 / 牛春富

第二十四章

稻穗飘香

春耕夏种　秋收冬藏

人生四季，春耕夏种，秋收冬藏。日出而作，忙而流汗，喜时收粮。昌黎是全国农产品加工基地示范县、国家现代农业示范区和国家农业产业化示范基地，农业产业化水平始终在秦皇岛市乃至河北省名列前茅。

摄影 / 田征

摄影 / 刘文军

摄影 / 刘文军

摄影 / 朱正光

摄影 / 费明健

摄影 / 刘文军

第七篇

绣花

XIUHUA

第二十五章 玉兰花开

无叶无绿　独傲枝端

风动暗香浓，始知玉兰开。农历三月，又是满城玉兰花开时。玉兰花以挺立、洁白、幽香的花朵传递着春天到来的消息，有着“望春花”“应春花”“玉堂春”的美誉。玉兰开花，不落俗套，先花后叶，独傲枝端，翘首以待春天，独自酝酿春天生命的欢喜。

摄影 / 张克凡

摄影 / 张克凡

摄影 / 张克凡

摄影 / 张克凡

摄影 / 刘文军

摄影 / 李建明

摄影 / 陈彩燕

摄影 / 梁立润

摄影 / 李旦阳

摄影 / 李旦阳

第二十六章 杏花疏影

碣石四月　春意浸染

“满阶芳草绿，一片杏花香”。在众多奇花异卉还在酣眠的时候，杏花已经蔓延成“红杏枝头春意闹”的景象，早早把春的消息传遍大地山川。杏树枝干挺拔，株高可达十余米。杏花含苞待放时，是胭脂般的淡红；盛开之时，嫣红朵朵，花繁姿娇，占尽春风。

摄影 / 张克凡

摄影 / 张克凡

摄影 / 田小红

摄影 / 张克凡

摄影 / 张克凡

摄影 / 田小红

摄影 / 田小红

摄影 / 田小红

摄影 / 田小红

第二十七章 百年梨园

梨花绽放　云霞满天

春日迟迟，天暖日长；清风徐徐，鸟语花香。碣石四月正芳菲，百年梨园花复开，昌黎大地春意浸染，芬芳弥漫。趁阳光正好，微风不燥，且踏歌而行，听风吟，闻尘香，不负春光。

摄影 / 佟永

摄影 / 佟永理

摄影 / 佟永理

摄影 / 佟永理

摄影 / 佟永理

摄影 / 朱正光

摄影 / 朱正光

摄影／朱正光

第二十八章 海棠依旧

梵音相伴　佛香袅袅

水岩寺，千年古刹，香火不断。海棠花，自古以来是雅俗共赏的名花，素有“国艳”之美誉、“解语花”之雅号。水岩寺前一树海棠盛开，梵音相伴，佛香袅袅。古寺静处，红柱黛瓦，飞檐翘角，满树海棠，胭脂点点，密密复复，繁花似锦。别处赏花，熙熙攘攘；此处赏花，心境澄明。

摄影 / 田小红

摄影 / 田小红

摄影 / 田小红

摄影 / 田小红

摄影 / 田小红

摄影 / 田小红

第八篇

绣鸟

XIUNIAO

第二十九章 震旦鸦雀

鸟中熊猫 苇雀共舞

震旦鸦雀，是全球性濒危鸟类，被称为“鸟中熊猫”，被列入国家林业局发布的《国家保护的有益的或者有重要经济、科学研究价值的陆生野生动物名录》和国际鸟类红皮书。“震旦”是古代印度对中国的称呼，以此给一种小鸟命名，可见该物种的古老、神秘。2021 年 11 月 6 日，河北省昌黎黄金海岸国家级自然保护区管理中心在进行鸟类调查和疫源疫病监测时，发现了藏身于芦苇荡深处的 11 只震旦鸦雀，这是该鸟种在保护区首次被发现。

摄影 / 佟永理

摄影 / 王永林

摄影 / 佟永理

摄影 / 佟永理

摄影 / 佟永理

摄影 / 佟永理

摄影 / 佟永理

摄影 / 佟永理

摄影 / 佟永理

摄影 / 佟永理

第二十章 鹬鸟展翅

姿态优美　步履轻盈

黑翅长脚鹬步履轻盈、姿态优美，被誉为“天生的舞者”，也称“红腿娘子”“长腿美娘子”，被世界自然保护联盟列入濒危物种红色名录。昌黎黄金海岸国家级自然保护区是鸟类的天堂，各种候鸟由此过境栖息，黑翅长脚鹬一家就生活在这里。

摄影 / 费明健

摄影 / 费明健

摄影 / 费明健

摄影 / 费明健

摄影 / 王永林

摄影 / 王永林

摄影 / 王永林

第二十一章

海鸟翔集

浩浩汤汤　天际翱翔

昌黎黄金海岸自然保护区美丽的海岸线上，千鸟过境，时而飞翔，时而停歇，犹如一粒粒白玉镶嵌在绵软的沙滩之上。反嘴鹬徜徉海岸，伴随着呼啸的海风，在蔚蓝的天空振翅翱翔。

摄影 / 佟永理

摄影 / 佟永理

摄影 / 佟永理

摄影 / 佟永理

/ 佟永理

摄影 / 佟永理

摄影 / 佟永理

摄影 / 佟永理

第二十二章 鸟的天堂

海岸湿地 生态昌黎

昌黎黄金海岸自然保护区是国务院1990年9月30日批准建立的首批五个国家级海洋类型自然保护区之一。这里是鸟类的王国，全国1/3以上的鸟类都可在这里找到踪影，其中属于国家重点保护的鸟类就有68种之多。

灰鹤 · 摄影 / 佟永理

灰鹤 · 摄影 / 佟永理

小天鹅、白鹤·摄影 / 佟永理

灰鹤·摄影 / 佟永理

文须雀雌鸟 · 摄影 / 佟永理

文须雀雄鸟 · 摄影 / 王永林

灰鹤 · 摄影 / 王永林

灰椋鸟 · 摄影 / 佟永理

斑鸫 · 摄影 / 佟永理

金翅雀 · 摄影 / 佟永理

红胁蓝尾鸲 · 摄影 / 李旦阳

丹顶鹤 · 摄影 / 佟永理

丝光椋鸟 · 摄影 / 李旦阳

丝光椋鸟 · 摄影 / 李旦阳

翘鼻麻鸭、火烈鸟 · 摄影 / 王永林

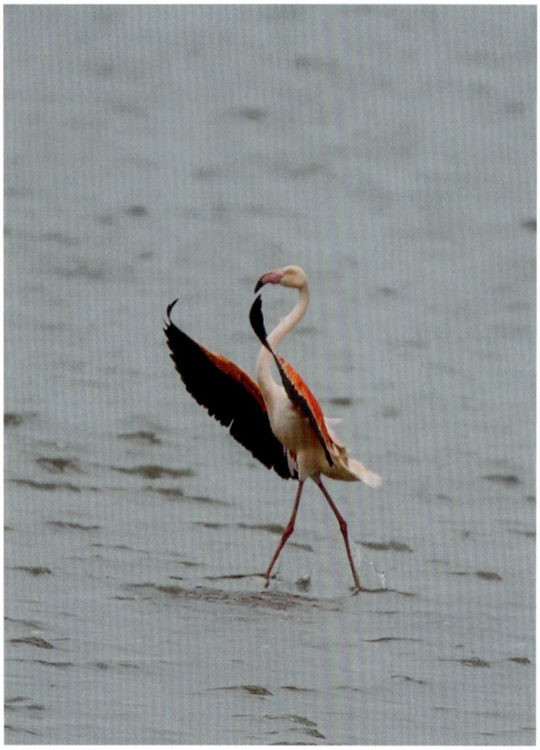

火烈鸟 · 摄影 / 王永林

红嘴鸥 · 摄影 / 王永林

扇尾沙锥 · 摄影 / 费明健

大杓鹬·摄影/佟永理

白腰杓鹬·摄影/佟永理

卷羽鹈鹕·摄影/佟永理

白骨顶鸡·摄影/佟永理

丹顶鹤 · 摄影 / 佟永理

白头鹤、天鹅、灰鹤 · 摄影 / 费明健

东方白鹳 · 摄影 / 费明健

短嘴豆雁 · 摄影 / 费明健

斑嘴鸭 · 摄影 / 费明健

绿头鸭 · 摄影 / 费明健

后记

经过三年的努力，《锦绣昌黎》终于和大家见面了。这本画册收录了 29 位摄影师的 294 幅摄影作品，每一幅作品都饱含了摄影师对昌黎这片土地的深情厚爱。各位摄影师不仅热爱摄影，更热爱昌黎，他们翻山越岭，跋山涉水，用脚步丈量大地，用镜头记录美好。昌黎的山川、大海、城市、庄园、茂林、瓜果、花草、鸟雀在他们的相机里一一定格。非常有幸，我们能有机会把这些美好瞬间辑印成册，把锦绣昌黎呈现在大家面前，供大家品鉴。也希望大家能和我们一样，被这些美好瞬间深深打动，对昌黎充满热爱。

另外，画册内部分照片由相关单位提供，在此一并表示感谢。

最后，辑印过程中难免疏漏不足之处，还请读者指正及海涵。我们将带着大家的关爱，奔赴下一场山海。

编　者

2024 年 12 月